6

供电企业生产技能人员标准化作业培训教材

GW4型隔离开关检修

福建省电力有限公司　组编

输变电

中国电力出版社
CHINA ELECTRIC POWER PRESS

内容提要

本册书是按照《供电企业生产技能人员标准化作业培训教材》体系的要求，结合生产实际编写而成。本册书共分为两大部分，主要从GW4型隔离开关大修的作业描述、工作流程、工作质量标准、危险点分析等方面予以详细阐述，结合实际作业案例进行分析，并附实际作业案例相关的标准化文本及GW4型隔离开关说明。

本册书作者都是长期从事电力生产一线的员工，有较为丰富的现场实际经验，所列举的案例也是实际生产过程中所发生的，具有较强的生产现场指导意义。本册书可作为供电企业变电检修工作人员的培训教学用书，也可作为电力职业院校教学参考用书。

图书在版编目（CIP）数据

供电企业生产技能人员标准化作业培训教材. 输变电/福建省电力有限公司组编. —北京：中国电力出版社，2012.12

ISBN 978-7-5123-3810-4

Ⅰ. ①供… Ⅱ. ①福… Ⅲ. ①供电－工业企业管理－标准化管理－中国－技术培训－教材 ②输电－电力系统－技术培训－教材 ③变电所－电力系统－技术培训－教材 Ⅳ. ①F426.61

中国版本图书馆CIP数据核字（2012）第287838号

中国电力出版社出版、发行

（北京市东城区北京站西街19号 100005 http://www.cepp.sgcc.com.cn）

北京九天众诚印刷有限公司印刷

各地新华书店经售

*

2013年1月第一版 2013年1月北京第一次印刷

787毫米×1092毫米 16开本 84印张 1766千字

全册定价 232.00 元

编　委　会

主　　任　张　磊

副 主 任　陈卫中　李功新

成　　员　叶继宏　郑佩祥　黄文英　金昌榕　于建龙

任晓辉　邱兴平　陈大凤　张　荣　洪西卿

姚　亮　林　平　宋福海　连纪文　罗　松

林　宇　林　贇

编　写　组

主　　编　李功新

副 主 编　叶继宏　金昌榕　陈大凤　张　荣

编写组组长　林　平

成　　员　（按姓氏笔画排序）

王全兴　王恒山　叶立群　叶色亮　朱　菁

庄　严　庄沪生　刘志平　严有祥　李　春

李　超　李勇明　李积捷　李萌峰　杨文陵

杨志豪　杨建平　杨毓庆　连鸿松　肖颂勇

吴　达　吴志成　吴奇宝　吴辉煌　吴簪麟

邱振敏　沈明松　沈谢林　张绍明　陈　影

陈艺鑫　陈日坤　陈祥舒　陈朝晖　陈德兴

林　衡　林一泓　林志敏　林志强　林轶群

林海渊　欧世尧　欧永连　罗　松　罗　毅

金建宁　郑哲人　郑雄俊　郑黎斐　赵道阳

施　纬　施广宇　洪西卿　钱志立　翁晓锋

涂恩来　黄　亮　黄国敏　董　磊　傅智为

潘晨曦

preface 前 言

为了更好地服务"五大"体系建设，提升生产技能人员良好的"职业化"行为习惯，建立与现场标准化作业生产环境一致的培训课程体系，福建省电力有限公司以现场标准化作业指导书为蓝本，组织开展生产技能标准化作业培训教材的编写工作。为确保教材的编写质量和进度，由总工程师李功新主抓此项工作，多次召集工作协调会，定期听取编写进度汇报；人力资源部负责教材编写的组织工作，运维检修部、科技信通部和调度控制中心负责教材编写的具体工作，福建省电力有限公司和基层单位技术专家组成教材编写与审定小组，公司培训中心负责教材编写框架和编写规范的制订、编写进度跟踪及其他协调工作。

本套教材集中了福建省电力有限公司众多专家学者的智慧，采用了全新的组织架构，突出了基于现场标准化作业的培训特色。本套教材分为配电专业、输变电专业和二次专业三本书，包括 91 项现场标准化作业项目（子分册），具有很强的针对性和实用性。各项目（子分册）分为两部分：第一部分介绍了各项目的工作流程、工作质量标准与控制、危险点分析与预控、管理与记录要求、作业案例等；第二部分罗列了标准化作业指导书等标准化作业文本，并结合第一部分的作业案例说明了标准化文本的填写规范。部分项目（子分册）还在附录部分对设备等内容进行了说明。

其中，配电专业分为架空线路、配电设备、计量装置及其他设备，由福建省电力有限公司运维检修部高级工程师姚亮担任编写组长，福州电业局、厦门电业局、莆田电业局、泉州电业局、漳州电业局、龙岩电业局、三明电业局、南平电业局、宁德电业局、福清电力公司、石狮电力公司、晋江电力公司、南安电力公司、长乐电力公司等单位的专家参与编写工作。输变电专业分为开关类、线圈类和架空线路及电缆，由福建省电力有限公司运维检修部高级工程师林平担任编写组长，福建省电力科学研究院、检修分公司、福州电业局、厦门电业局、莆田电业局、泉州电业局、漳州电业局、龙岩电业局、三明电业局等单位的专家参与编写工作。二次专业分为继电保护、综合自动化、直流系统和电力通信，由福建省电力有限公司调度控制中心高级工程师宋福海、科技信通部高级工程师连纪文担任编写组长，福建省电力科学研究院、检修分公司、信息通信分公司、福州电业局、厦门电业局、莆田电业局、泉州电业局、龙岩电业局、三明电业局、南平电业局等单位的专家参与编写工作。

本册由福建省电力有限公司运维检修部林平担任编写组长，龙岩电业局邱振敏、施纬等编写；福建省电力科学研究院林一泓主审，泉州电业局庄严、福建省电力科学研究院傅智为、福建省电力检修公司赵道阳、福州电业局李积捷、翁晓锋、厦门电业局黄亮、莆田电业局张绍明、三明电业局郑黎斐、吴辉煌、李勇明等参审。

本教材在编写、审定过程中得到了福建省电力有限公司有关单位领导和专家的大力支持和帮助，在此一并感谢。同时，也感谢中国电力出版社的大力支持。

由于编者能力所限及编写时间仓促，难免存在疏漏之处，恳请各位专家和读者提出宝贵意见。

contents **目录**

前言

第一部分　标准化作业培训 ……1

1　作业描述 ……1

2　工作流程 ……1

3　工作质量标准与控制 ……1

4　安全风险分析与预控 ……3

5　管理与记录要求 ……4

6　作业案例 ……4

思考与练习 ……6

第二部分　标准化作业文本 ……7

1　标准化作业指导书 ……7

2　安全质量控制卡 ……20

3　变电站电气第一种工作票 ……25

4　现场勘察单 ……28

附录 A　螺栓及螺母紧固力矩表 ……29

附录 B　单极装配图 ……29

附录 C　右接线座装配 ……30

附录 D　左接线座装配 ……30

附录 E　轴承座装配解体 ……30

附录 F　三级联动总装图 ……31

附录 G　修后试验及标准 ……31

思考与练习答案 ……32

第一部分 标准化作业培训

1 作业描述

根据双柱水平开启式 GW4 型隔离开关检修的标准化作业指导书的内容，介绍双柱水平开启式隔离开关检修的工作流程和质量标准要求。通过流程介绍和列表说明，掌握双柱水平开启式隔离开关检修所需工器具、材料、工作流程、质量标准、作业中的危险点预控、操作步骤、管理要求等内容。

2 工作流程

双柱水平开启式 GW4 型隔离开关检修工作流程如图 1-1 所示。

3 工作质量标准与控制

3.1 引用标准

GB 1985—2004 《高压交流隔离开关和接地开关》
GB 50147—2010 《电气装置安装工程：高压电器施工及验收规范》
DL/T 593—2006 《高压开关设备和控制设备的共用技术要求》
Q/GDW 168—2008 《输变电设备状态检修试验规程》

3.2 质量控制

3.2.1 清洗工艺要求

对金属零部件应使用煤油、汽油等不会造成腐蚀损伤的清洗剂；非金属零部件应使用无水乙醇（酒精）。并将清洗后的零部件表面擦拭干净。

3.2.2 润滑油封工艺要求

润滑前，应对传动部位零部件进行清洗，再均匀涂抹适量的优质二硫化钼锂基润滑脂，禁止戴棉制手套和使用毛刷。

3.2.3 接触面处理工艺要求

导电接触面镀银层用清洗剂清洗干净，非镀银导电接触面用 0 号砂纸砂光后清洗干净。

3.2.4 除锈、防锈工艺要求

除锈时，用钢丝刷将设备构架、外壳氧化层去掉，用铁砂布细加工彻底除锈。防锈时，先刷一遍底漆，后刷两遍防锈漆，每一遍刷油漆间隔时间以漆干为准，每一遍刷油漆应均匀、不起泡、厚薄度一样，无遗漏处。

3.2.5 绝缘子检查要求

绝缘子表面无脱釉、无残缺、无裂纹，釉面清洁、光滑，两端法兰结合良好、无脱胶，绝缘子超声波探伤合格。

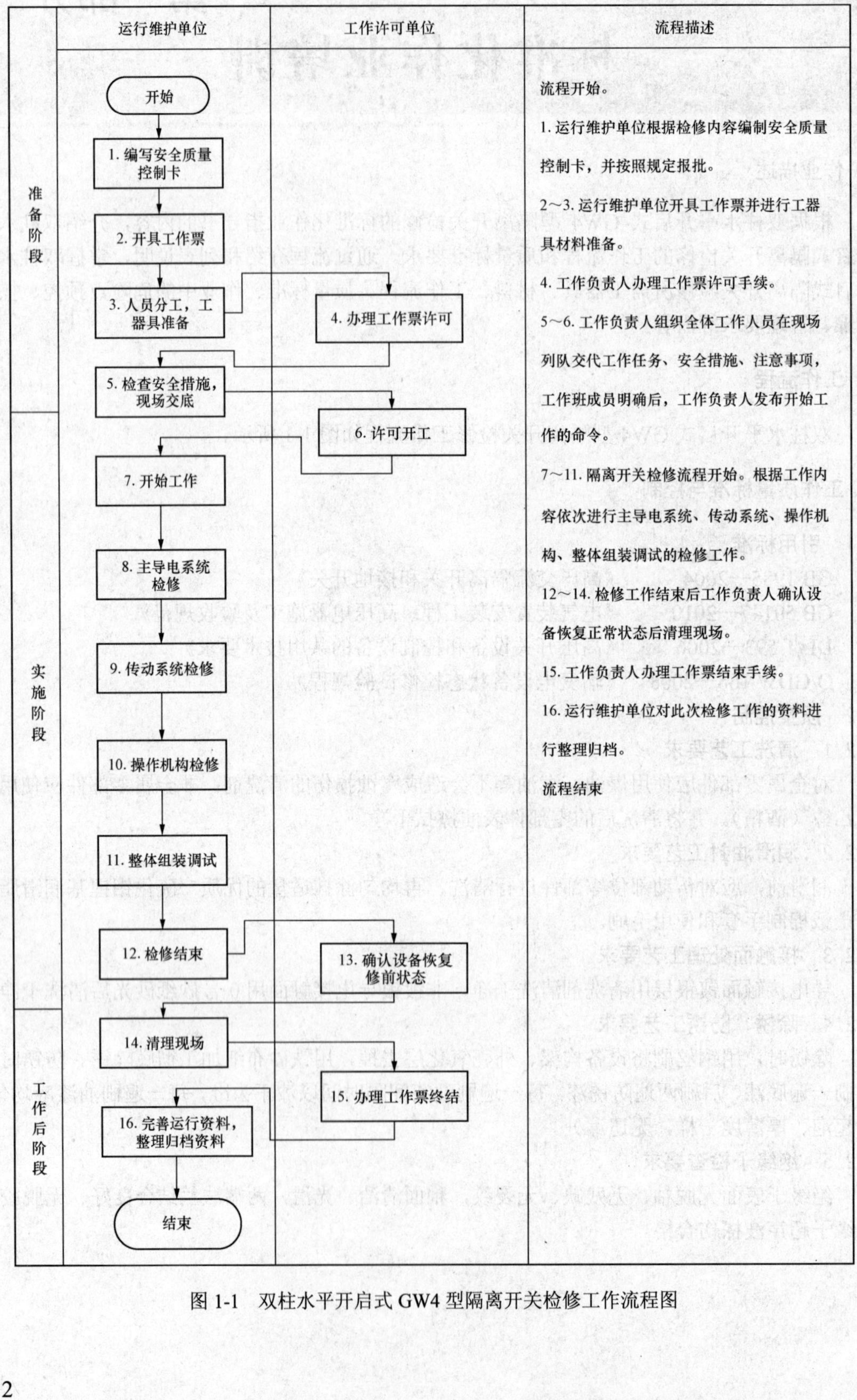

图 1-1　双柱水平开启式 GW4 型隔离开关检修工作流程图

4 安全风险分析与预控

4.1 危险点 1：人身触电

事故案例

3 月 24 日，××电业局××变电站 110kV ×××线和 110kV Ⅰ、Ⅱ母线停电，×××线断路器、线路隔离开关、电流互感器、旁路隔离开关和母线Ⅰ隔离开关小修，9 点左右，办理完毕工作许可手续，检修人员开始工作，由于安全措施不完善，检修人员鲍××误登带电的 110kV ×××线母线Ⅱ隔离开关清扫，清扫母线侧带电绝缘子时，触电烧伤。烧伤面积 40%，其中一度烧伤占 60%，二度烧伤占 30%，三度烧伤占 10%。同时造成 110kV 母差保护动作，1、2 号主变电站 1711、1712 断路器和××线 1715 断路器、××线 1716 断路器跳闸。

防范措施

（1）工作许可人应会同工作负责人到现场再次检查所做的安全措施，对具体的设备指明实际的隔离措施，证明检修设备确无电压。（《国家电网公司电力安全工作规程（变电部分）》第 3.3.1.1 条）

（2）在室外高压设备上工作，应在工作地点四周装设围栏，其出入口要围至临近道路旁边，并设有“从此进出！”的标示牌。工作地点四周围栏上悬挂适当数量的“止步，高压危险！”标示牌，标示牌应朝向围栏里面。若室外配电装置的大部分设备停电，只有个别地点保留有带电设备而其他设备无触及带电导体的可能时，可以在带电设备四周装设全封闭围栏，围栏上悬挂适当数量的“止步，高压危险！”标示牌，标示牌应朝向围栏外面。禁止越过围栏。（《国家电网公司电力安全工作规程（变电部分）》第 4.5.5 条）

（3）工作负责人必须对工作班成员进行“三交底一控制”，务必让每个工作人员明白工作任务及危险点。

4.2 危险点 2：高处坠落

事故案例

2 月 15 日，北京××变电公司检修人员在××变电站检修隔离开关时，支持绝缘子突然从根部断裂，造成检修人员高处坠落死亡；同年 12 月 9 日，湖北××供电公司修试部在 220kV ××变电站进行 220kV 022 隔离开关完善化改造工作中，检修人员从搭建在隔离开关支持绝缘子上的梯子爬至支持绝缘子顶端，并将安全带系在隔离开关导电折架尾部，在 V 相工作的一名检修人员在用扳手松开引线螺丝过程中，该相支持绝缘子突然从根部断裂，检修人员随隔离开关坠落至水泥地面，隔离开关动触头打压在其胸部而死亡。

防范措施

（1）凡在坠落高度基准面 2m 及以上的高处进行的作业，都应视作高处作业。（《国家电网公司电力安全工作规程（变电部分）》第 15.1.1 条）

（2）安全带的挂钩或绳子应挂在结实牢固的构件上，或专为挂安全带用的钢丝绳上，并应采用高挂低用的方式。禁止挂在移动或不牢固的物件上如隔离开关支持绝缘子、CVT 绝缘子、母线支柱绝缘子、避雷器支柱绝缘子等。（《国家电网公司电力安全工作规程（变电部分）》第 15.1.8 条）

（3）在隔离开关上工作，应安全带固定在专用的安全带挂杆上。正确佩戴防静电手环，确保防静电手环接地良好。

5 管理与记录要求

（1）在现场施工之前，必须在电力生产门户（GPMS）系统内开具变电站电气第一种工作票及安全质量控制卡，并在工作现场充分发挥工作票及安全质量控制卡的工作指导作用。

（2）在现场工作开始前，工作负责人及工作班成员应对即将进行的工作任务、停电范围及安全措施了解清楚，方可参与工作。

（3）工作人员到达工作现场后，在工作前工作负责人应根据工作票仔细核对现场安措布置情况，并对工作班成员进行安全交底。

（4）当工作结束后，工作班应清扫、整理现场。工作负责人应周密地检查，待全体人员撤离工作地点后，再向运行人员交待所修项目、发现的问题、试验结果和存在的问题等，并与运行人员共同检查设备状况、状态，有无遗留物件，有无清洁等。

（5）检修记录、缺陷流程运转、报表编写上传、完成时限录入到GPMS系统中，办理工作终结手续。并完成设备作业后状态评价。

（6）工作票交底现场录音上传录音系统。

（7）工作票、安全质量控制卡、报表等资料归档。

（8）编制大修总结报告并归档。

6 作业案例

工作任务：220kV××变电站220kV Ⅱ段母线TV 26M4隔离开关大修，现场接线如图1-2所示。

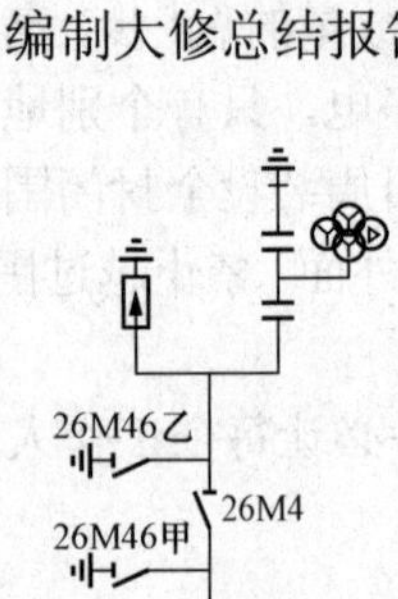

图1-2 220kV ××变电站220kV Ⅱ段母线TV 26M4间隔接线图

6.1 作业前准备

6.1.1 现场勘察

工作前，工作负责人组织有关人员对作业现场的环境、条件、危险点进行勘察，应查看接受的任务是否与现场相符，了解作业现场的条件、环境（草拟现场示意图），初步确定作业方式，并开具《现场勘察单》。

6.1.2 技术准备工作

检修前应准备好需检修隔离开关的资料，如产品手册、电气原理图等；熟悉GW4-252型隔离开关技术资料，明确有关技术要求及质量标准。

对隔离开关的安装情况、运行情况、故障情况、缺陷情况及隔离开关的密封情况等方面进行详细、全面、认真的调查、分析，以判定隔离开关的综合工况及运行可靠性，为具体检修方案的制定打好基础。

通过对检修前设备的状态评价，制定出隔离开关具体的检修方案。检修方案应包含隔离开关检修的具体内容、标准。

隔离开关检修方案及内容确定后，应做好检修所需的备品、备件、检修专用工装、工具等准备。

6.1.3 检修工器具及材料准备

（1）按照检修项目要求，准备工器具、材料以及个人劳保防护用品（检查检修工具，如钳子、扳手、螺丝刀等外裸导电部分是否采取绝缘包扎）。

（2）现场做好安全、防火措施。

6.1.4 组织学习并开票

根据工作任务，组织工作人员学习标准作业指导书，开具变电站第一种工作票及安全质量控制卡。

6.1.5 经工作许可后开始工作

（1）召开班前会。

根据当天工作量及作业地点，工作负责人在作业前将工作任务、人员进行分工，交待作业标准等。工作负责人在确认所需布置安全措施已完备后，宣读工作票及安全质量控制卡进行安全交底。工作人员了解危险点及安全措施后，工作人员在工作票及安全质量控制卡中交任务、交安全措施栏签名确认。

（2）根据现场情况布置现场措施。

（3）停电、验电、装设接地线。

6.2 作业中控制

（1）修前检查。

1）检查支持瓷绝缘子外表面应无污垢沉积，无破损伤痕，法兰胶装处及法兰无裂纹。

2）检查本体所有螺栓、螺母是否有松动和锈蚀。

3）检查分、合闸指示是否到位。

4）检查机构内所有部件的外观。

5）检查机构箱内所有螺栓、螺钉和插头，检查所有电器元件和二次线。

6）检查加热器和门灯。

7）检查机构箱密封情况, 达到防尘、防水要求。

（2）修前试验。

1）隔离开关在停电前、带负荷状态下的红外测温。

2）测量隔离开关主回路电阻。

（3）清洗工艺要求。

（4）润滑脂涂抹工艺要求。

（5）接触面处理工艺要求。

（6）除锈、防锈工艺要求。

（7）主导电部分解体检修。

（8）传动部分解体检修。

（9）转动底座解体的检修。

（10）接地开关的解体检修。

（11）绝缘子检查及清洁。

（12）所有紧固件的紧固。

（13）电动/手动操动机构检修。

（14）机械、电气联锁及二次元器件检查。

（15）整体组装、调试及试验。

6.3 作业验收

（1）检修人员工作质量自验收。

（2）运维人员验收确认。

（3）在 GPMS 中录入检修、消缺情况。

（4）办理工作票结束。

6.4 作业后工作

（1）召开班后会。

（2）在 GPMS 系统中对作业卡进行归档、评估。

（3）编制检修报告和检修总结，并上传至 GPMS 系统。

（4）将安全交底和班后会录音上传至录音系统，并做好登记。

（5）将安全质量控制卡、工作票、大修总结报告等文件归档。

思考与练习

1．导电系统运行中发生过热现象原因及处理方法。

2．试述双柱水平开启式隔离开关分、合闸不到位原因及处理方法。

3．隔离开关拒分拒合原因及处理方法。

第二部分 标准化作业文本

1 标准化作业指导书

GW4-252 型隔离开关检修的标准化作业指导书

编写：________________ _____年___月___日

审核：________________ _____年___月___日

批准：________________ _____年___月___日

工作负责人：

作业日期：　　年　月　日　时至　年　月　日　时

××××公司

1　范围

本指导书适用于 GW4-252 型隔离开关检修的标准化作业。

2　引用文件

GB1985—2004　《高压交流隔离开关和接地开关》
GB 50147—2010　《电气装置安装工程：高压电器施工及验收规范》
DL/T 593—2006　《高压开关设备和控制设备的共用技术要求》
Q/GDW 168—2008　《输变电设备状态检修试验规程》
Q/FJG 10093—2008　《福建省电力有限公司输变电设备状态检修试验规程实施细则》

3　准备工作

3.1　准备工作安排

√	序号	内　　容	标　　准	责任人	备　注
	1	开工前 10 天，向有关部门上报本次工作的材料计划	根据摸底时设备状况及需执行的反措计划		
	2	在工作前 7 天提交相关停役申请			
	3	开工前 3 天，准备好施工所需仪器仪表、工器具、相关材料、相关图纸及相关技术资料	仪器仪表、工器具应试验合格，满足本次施工的要求，材料应齐全，图纸及资料应符合现场实际情况		
	4	开工前确定现场工器具摆放位置	现场工器具摆放位置参考定置图，确保现场施工安全、可靠		
	5	根据本次作业内容和性质确定好检修人员，并组织学习本指导书	要求所有工作人员都明确本次工作的作业内容、进度要求、作业标准及安全注意事项		
	6	填写第一种工作票，在开工前一天交值班员	工作票应填写正确，并按《国家电网公司电力安全工作规程（变电部分）》执行		

3.2　人员要求

√	序号	内　　容	责任人	备　注
	1	现场工作人员的身体状况、精神状态良好		
	2	作业辅助人员（外来）必须经负责施教的人员，对其进行安全措施、作业范围、安全注意事项等方面施教后方可参加工作		
	3	特殊工种（吊车司机、电焊工、架子工）必须持有效证件上岗		
	4	所有作业人员必须具备必要的电气知识，基本掌握本专业作业技能及《国家电网公司电力安全工作规程（变电部分）》的相关知识，并经《国家电网公司电力安全工作规程（变电部分）》考试合格		
	5	作业负责人必须是经局批准的		

3.3　备品备件

√	序号	名　　称	规　　格	单位	数量	备　　注
	1	绝缘子调整片		片	8	

表（续）

√	序号	名　称	规　格	单位	数量	备　注
	2	触指弹簧		只	4	
	3	触指		只	8	
	4	导电臂		只	2	
	5	支柱绝缘子		个	2	
	6	导电带		根	4	
	7	扭力弹簧		根	2	
	8	机构箱门密封条		m	3	
	9	行程开关		个	2	
	10	温控器		个	1	
	11	加热器	硅橡胶或加装防烫网的铝合金梳状加热器 50W、100W	个	各 1	
	12	螺栓	ϕ12×35	只	24	搭头螺栓
	13	平垫	ϕ12	只	48	
	14	弹垫	ϕ12	只	24	
	15	开口销	GB91　1×28	只	3	不锈钢
	16	开口销	GB91　2×28	只	3	不锈钢
	17	开口销	GB91　3×28	只	3	不锈钢
	18	轴承密封圈		个	3	
	19	圆锥滚子轴承		只	2	用于轴承座
	20	空气断路器	AC 3P 10A	个	1	
	21	空气断路器	AC 2P 6A	个	3	
	22	交流接触器		个	2	
	23	辅助开关		个	1	
	24	分闸按钮		个	1	
	25	合闸按钮		个	1	
	26	分闸指示灯		个	1	
	27	合闸指示灯		个	1	
	28	就地/远方转换开关		个	1	

3.4　工器具

√	序号	名　称	规　格	单位	数量	备　注
	1	管钳	10in	把	1	
	2	套筒扳手	10～32	副	1	
	3	梅花扳手	22～24	把	2	

表（续）

√	序号	名　称	规　格	单位	数量	备　注
	4	开口扳手	各规格	套	1	
	5	力矩扳手	各规格	套	1	
	6	水平尺	400mm	把	1	
	7	卡簧钳	弯嘴、直嘴	把	各1	
	8	螺母破碎机		把	1	
	9	棘轮扳手	250mm 配 10、13、16、18、19 套头	个	各1	
	10	木锤	—	把	1	
	11	钢锯架	300mm	副	1	
	12	锉刀	圆锉	把	2	
	13	锉刀	平锉	把	2	
	14	检修电源盘	220V 50m	只	1	
	15	万用表	—	只	1	合格、常规型
	16	绝缘电阻表	1000V 挡	只	1	
	17	板牙	$\phi10 \sim \phi16$	个	4	
	18	机油枪	—	把	1	
	19	绝缘梯	3m	把	2	
	20	绳索	$\phi10$	支	4	5m
	21	脚手架短板	1200×50×200	块	4	检查合格
	22	回路电阻测试仪	100A 及以上	台	1	
	23	瓷绝缘子探伤测试仪		台	1	
	24	塞尺	0.01～0.1mm	套	1	
	25	安全带专用挂件		支	3	
	26	检修架		副	1	
	27	柔性吊带	2m 2t	条	2	
	28	临时个人保安线		条	3	
	29	高空作业升降车		辆	1	

3.5　材料

√	序号	名　称	规　格	单位	数量	备　注
	1	汽油		kg	3	
	2	二硫化钼		kg	1	
	3	导电脂		g	100	
	4	无水乙醇		kg	6	
	5	松动润滑剂		g	50	

表（续）

√	序号	名　称	规　格	单位	数量	备　注
	6	密封胶	609	g	15	
	7	厌氧胶	352	盒	1	50克装
	8	砂布	0号	张	3	
	9	工业百洁布		块	6	
	10	棉纱布		kg	1.5	
	11	锯条		片	3	
	12	钢丝刷		把	3	
	13	中性凡士林		kg	0.1	
	14	记号笔	极细	支	1	
	15	银灰漆		kg	4	
	16	防锈漆		kg	4	
	17	磁漆	红色	kg	0.2	
	18	磁漆	绿色	kg	0.2	
	19	磁漆	黄色	kg	0.2	
	20	磁漆	黑色	kg	0.5	
	21	麻绳	$\phi 16$	kg	0.3	
备注：						

3.6　危险点分析

√	序号	内　容
	1	误入带电间隔
	2	工作人员或工器具与带电部位安全距离不够，易引起放电
	3	感应电，易引起人身伤害意外事故
	4	检修电源设备损坏或接线不规范，会引起低压触电
	5	高处作业不正确使用安全带，易发生高处坠落
	6	隔离开关传动时，如果设备上有人工作易引起伤害
	7	物品上下抛掷，易伤人或砸坏设备
	8	高空作业车作业时与相邻设备带电距离过近，或碰伤绝缘子，引起事故
	9	高空作业时，人员或工器具发生高空坠落
	10	检修收工，设备上有遗留物

3.7　安全措施

√	序号	内　容
	1	1．确认现场安全措施与工作票上所列安全措施一致。 2．进入检修现场、攀登设备前，须核对设备的双重名称、编号

表（续）

√	序号	内　　容
	2	工作人员或工器具随时与带电部位保持足够的安全距离：220kV≥3.0m。工作必须由二人以上进行，其中一人担任监护
	3	防止感应电，在设备导电部位的工作应使用临时个人保安线
	4	检修电源接线时，必须确认电源线的极性及所需使用的电压，使用的工具金属裸露部位应用绝缘材料包好，有人监护，同时必须使用带电漏电保护的电源盘
	5	高处作业应正确使用安全带。安全带应高挂低用、禁止挂在隔离开关瓷柱上
	6	1. 隔离开关检修时，应将远方/就地切换开关打至就地或停止位置，并断开空气断路器。 2. 隔离开关传动前，隔离开关上所有工作人员应撤离
	7	物品应用绳子传递，禁止抛掷。工器具应系好保险绳或做好其他防坠落的可靠措施
	8	高空作业车操作前与驾驶员、操作人员交待临近带电部位，设立专职监护人员
	9	车斗内人员正确使用安全带、安全绳，工具器应使用专用工具器袋
	10	1. 工作结束前，应全面检查设备，确保无遗留物。 2. 工作结束前，将设备恢复至工作许可时的状态

3.8 人员分工

√	序号	作　业　项　目	负责人	作　业　人　员
	1	隔离开关检修		
	2	安全监护		
	3	拆、搭作业平台指挥		
	4	材料、资料及工器具管理		

4 作业程序及作业标准

4.1 检修作业流程图

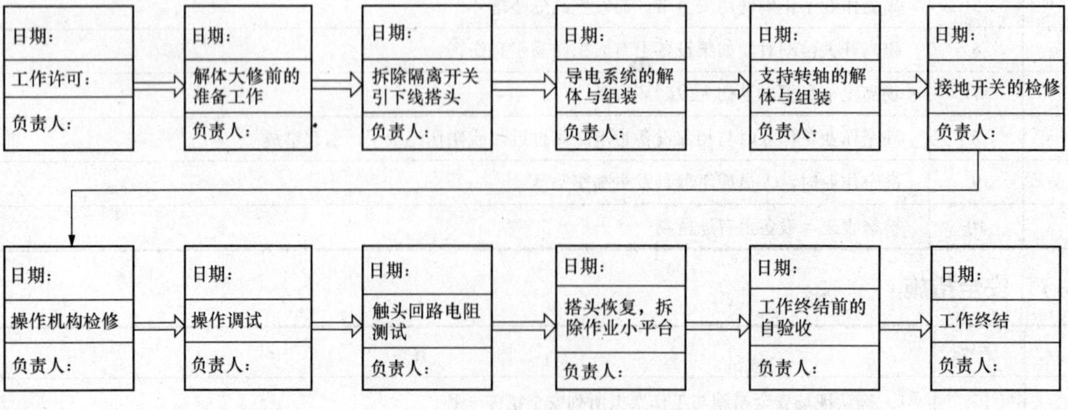

4.2 开工

√	序号	内　　容	到位人员签字
	1	工作票负责人按局、工区有关规定办理好工作票许可手续，完成三级交底工作	
	2	本作业负责人对本班工作人员进行明确分工，并在开工前检查确认所有工作人员正确使用劳保用品	
	3	在本作业负责人带领下进入作业现场并在工作现场向所有工作人员详细交待作业任务、安全措施和安全注意事项，全体工作人员应明确作业范围、进度要求等内容，并在到位人员签字栏上分别签名	
	4	专责施教人对辅助人员（外来）按工区规定进行施教，施教内容包括：作业范围、安全措施、安全注意事项等	

4.3 检修电源的使用

√	序号	内　　容	标　　准
	1	检修电源接取位置	从检修电源箱接取，且在工作现场电源引入处配置有明显断开点的隔离开关和漏电保护器
	2	检修电源的配置	电源必须是三相四线并有漏电保护器
	3	接取电源时注意事项	必须由检修专业人员接取，接取时严禁单人操作； 接取电源前应先验电，用万用表确认电源电压等级和电源类型无误后，从检修电源箱内出线隔离开关下桩头引出
	4	检修电源线要求	$2.5mm^2$ 及以上

4.4 检修内容及工艺标准

√	序号	检修内容	工　艺　标　准	安全措施及注意事项	检修结果	责任人签字
	1	修前检查及基本工艺要求				
	1.1	修前检查	1. 隔离开关在停电前、带负荷状态下的红外测温。 2. 隔离开关主回路电阻测量。 3. 隔离开关的电气传动及手动操作	1. 梯子等长物搬运时应放倒，两人平抬。 2. 工器具、物品上、下应用绳子和工具袋传递，禁止抛掷。 3. 高空作业车驾驶员、操作员都应经过专业培训并考试合格，持证上岗。 高空作业车应设专人监护		
	1.2	清洗工艺要求	对金属零部件应使用煤油、汽油等不会造成腐蚀损伤的清洗剂；非金属零部件应使用无水乙醇（酒精）。并将清洗后的零部件表面擦拭干净			
	1.3	润滑油封工艺要求	润滑前，应对传动部位零部件进行清洗，再均匀涂抹适量的优质二硫化钼锂基润滑脂，禁止戴棉制手套和使用毛刷			
	1.4	接触面处理工艺要求	导电接触面镀银层用煤油或汽油清洗干净，非镀银导电接触面用0号砂纸砂光后洗干净			
	1.5	传动部分金属件检查工艺要求	传动部分金属件表面无氧化、无锈蚀、无裂纹、无残缺，部件检查清洗后，在其表面均匀涂抹少量二硫化钼锂基润滑脂			

表（续）

√	序号	检修内容	工 艺 标 准	安全措施及注意事项	检修结果	责任人签字
	1.6	弹性部件检查工艺要求	弹性部件无弹性疲劳，形变长度符合要求，部件检查清洗后，在其表面均匀涂抹少量二硫化钼锂基润滑脂			
	1.7	除锈、防锈工艺要求	除锈时，用钢丝刷将设备构架、外壳氧化层去掉，用铁砂布细加工彻底除锈。防锈时，先刷一遍底漆，后刷两遍防锈漆，每一遍刷油漆间隔时间以漆干为准，每一遍刷油漆应均匀、不起泡、厚薄度一样，无遗漏处			
	2	解体大修前的准备工作	铺设作业平台，固定牢固，在地面上铺好塑料布	铺设作业平台前检查脚手架板完好		
	3	拆除隔离开关引下线	确认做好安全措施后，用绳索牵引并扎牢隔离开关两端引流线	注意与相邻带电设备保持足够安全距离		
	4	本体分解（单极装配见附录B）	1. 隔离开关和接地开关均在分闸位置。松开垂直连杆与操作机构输出轴的连接，并拆下垂直连杆。 2. 拆下隔离开关交叉连杆及相间水平连杆，注意对各极绝缘子、接线座等做好记号。 3. 拆除左接线座装配 1、右接线座装配 2 与瓷绝缘子 6 间的紧固螺栓，将左接线座装配 1、右接线座装配 2 分别吊下。 4. 将瓷绝缘子 6 按起吊方法拴好，起吊点应在上节绝缘子上部第一、二裙之间，必要时可在上、下两处拴牵引绳。 5. 吊下的绝缘子应水平放置在枕木上。 6. 拆除固定轴承座装配 3 下端的 4 个螺栓			
	5	导电系统的分解检修		工器具、物品上、下应用绳子传递，禁止抛掷		
	5.1	右触头座装配的分解检修（见附录C）	1. 旋下触头 1 的固定螺栓，取下触头；分别拧下导电板 3 两端的螺栓，将导电板 3 和触头块 2 一同取下。 2. 检查和清洗触头。触头的镀银层应完好，无氧化、无电弧烧灼的痕迹；检查后应用汽油、百洁布清洗触头。镀银层如有脱落或烧灼严重，则应予以更换。 3. 检查导电板有无弯曲变形，变形的重新校正，用汽油清洗导电板的接触面，所有接触面应均匀涂抹适量中性凡士林。 4. 装上导电板、触头块、触头，保证接触面接触完好，紧固好固定螺钉			
	5.2	左触头座装配的分解检修（见附录D）	1. 旋下触指 1 的固定螺栓，取下触指；分别拧下导电板 3 两端的螺钉，将导电板 3 和触指块 2 一同取下，使各部位镀银面裸露。 2. 检查和清洗触指。触指的镀银层应完好，无电弧烧灼的痕迹；检查后应用汽油、百洁布清洗触指。镀银层如有脱落或烧灼严重，则应予以更换			

表（续）

√	序号	检修内容	工 艺 标 准	安全措施及注意事项	检修结果	责任人签字
	5.2	左触头座装配的分解检修(图见附录D)	3．检查导电板有无发生弯曲变形，变形的重新校正，用汽油或铜丝刷清洗触头块和导电板的接触面。 4．接触面有轻伤应休整；接触面有严重磨损应更换。所有接触面应均匀涂抹适量中性凡士林。 5．检查自力型触指有无弹性，变形。（若为内压式触指，应检查弹簧与触指之间的绝缘垫是否完好，检查完后用无水乙醇清洗绝缘垫） 6．检查触指弹簧应无变形、锈蚀。 7．装上导电板、触指块、触指，保证接触面接触完好，紧固好固定螺钉			
	5.3	引流座装配的检修	1．将导电带紧固螺栓松开，取下导电带放置在铺好塑料布的地面上。 2．检查接触面有无烧损或氧化，如有则用0号细砂纸修理，严重者则应更换。 3．检查引流座接触面，有无氧化，烧损。 4．检查导电带有无折断、氧化、烧损，如有折断痕迹，当及时更换。 5．用煤油或汽油清洗各零部件，待干后，在所有导电接触面均匀涂抹导电脂。 6．装复后保证引流座转动灵活，但不能沿导电轴向窜动	无氧化，无烧损，无折断现象		
	6	支持绝缘子的检查	1．检查绝缘子应无破损，无裂纹，釉面无脱落。 2．铸铁法兰应无裂纹，铸铁法兰与绝缘子的胶合物应良好，无脱落，如有脱胶，应进行修补，确保胶面完整。 3．清除绝缘子上的污垢，绝缘子表面应清洁光亮。 4．检查绝缘子的伞裙结构，其爬电距离必须符合污区图要求，必要时可测量其爬电距离和干弧距离应满足要求	绝缘子完好、清洁，法兰无开裂，无锈蚀，油漆完好、光亮；发现有裂纹必须更换		
	7	轴承座的检修(见附录E)	1．拆下密封面7，卸下并帽螺母6。顺瓷柱轴的方向，向外拨出转轴1。 2．用汽油清洗圆锥滚珠轴承3、5，擦洗轴承座内壁，清除锈蚀和污垢，如轴承存在损伤，应及时更换，清洗并检查完毕后均匀涂抹二硫化钼。 3．按拆卸的相反顺序装复	1. 轴承应无锈蚀无污垢，转动灵活，配合间隙过大或损坏应更换。 2. 基座上下不松动，且转动灵活		
	8	转动系统的检修（见附录F）	1．检查、清洗支撑板上的拐臂轴3，表面应无划伤，检查完毕后涂抹适量二硫化钼润滑脂。 2．清洗交叉连杆2、相间连杆1和拐臂的轴孔和螺纹。 3．检查垂直连杆有无变形，若变形应更换。 4．检查底座槽钢、接地螺栓、机械闭锁板等金属件是否完好、无变形，连杆转动灵活；各销孔连接，螺纹连接等部分不应有卡涩现象	连杆和拉杆不变形；轴孔、轴套和轴销无伤痕		

表（续）

√	序号	检修内容	工 艺 标 准	安全措施及注意事项	检修结果	责任人签字
	9	接地开关及其机构的检修	1．分相依次拆下接地导电带，定位拐臂，相间连杆并紧螺母，取下水平连杆，相间连杆，接地开关导电杆，扭力弹簧和铜套。 2．拆下接地开关静触头的夹片和弹簧，清洗除垢；检查夹片和弹簧的弹性，弹性良好，无锈蚀。 3．检查导电带有无断裂，检查扭力弹簧的弹性有无疲劳。清洗修整接地开关触头接触面，清洗打磨铜套，确保接触面光洁，扭力弹簧良好，锈蚀断裂应更换，接接地开关无变形。 4．在所有导电带接触面均匀涂抹适量导电膏，所有转动部位均匀涂抹二硫化钼润滑脂后，按拆卸的相反顺序装复。 5．检查限位板、机械联锁板无松动变形，扭力弹簧安装正确，接地软连接应紧固，且无断股。装复时调正扭力弹簧使接地开关分闸时处于水平位置			
	10	手动/电动操作机构检修	1．检查齿轮、蜗轮、蜗杆、限位块、挡钉等零部件有无变形、损伤，清洗后在所有摩擦表面均匀涂抹适量二硫化钼润滑脂。 2．用手力机构操作，检查各转动部分、辅助开关及限位开关，转动部分应灵活无卡涩现象，用手动操作分闸和合闸，当限位开关刚刚切换时，限位块与挡钉之间间隙应为（8±3）mm，辅助开关、限位开关动作正确，接线可靠。 3．检查二次线接线端子无锈蚀，标志清晰，接线正确，并紧固二次端子，交流接触器动作可靠，最低动作电压一般在操作电源额定电压的30%～80%范围内，二次回路绝缘大于2MΩ（1000V绝缘电阻表）。 4．检查加热器工作情况和投切情况。 5．检查隔离开关与接地开关的电气联锁是否可靠、正确。 6．检查电动机旋转无卡涩，碳刷磨损量满足相关要求，热继电器完好，绝缘大于 2MΩ（500V绝缘电阻表）。 7．机构箱输出轴及箱体应密封良好，无进水、锈蚀现象。 8．检查辅助开关接触应良好，转动灵活，无卡涩，若触点烧蚀，则应进行更换整个辅助开关	检查机构前先确认操作电源及防误电源已切断。 电动机的碳刷，若小于10mm，应更换		
	11	传动系统整体检查	检查操作机构输出轴与垂直连杆的输出角度应符合要求，轴承座及各转动部位无卡涩、无异响，均匀加注适量二硫化钼锂基润滑剂；隔离开关各转动部位动作灵活，无卡涩；轴销无锈蚀，开口销齐全并开口；各转动部分轴销、轴承涂二硫化钼锂基润滑剂			
	12	所有紧固件的紧固（见附录A）	除非设备有特殊的力矩要求，否则应符合力矩附表要求			

表（续）

√	序号	检修内容	工 艺 标 准	安全措施及注意事项	检修结果	责任人签字
	13	操作调试		必须先手动操作完好后方可进行电动操作，电动操作前必须取下手动操作手柄，操作前必须通知隔离开关上工作人员，注意人员之间的配合与协调		
	13.1	分相隔离开关调整	1．将瓷绝缘子拴好，用起吊工具（吊车或扒杆）将瓷绝缘子吊起，固定在水平的基座上，支柱绝缘子应垂直于底座平面。 2．在单极瓷绝缘子上端，将右接线座装配和左接线座装配按要求尺寸连接并紧固好。 3．通过调整保证隔离开关合闸后，隔离开关触指与触头对称接触，上下误差5mm，若两端瓷绝缘子高度不一致，每处加垫不超过3片，触头、触指接触保持良好的接触。 4．合闸后，触头应接触良好，插入深度应保证（60±5）mm。 5．隔离开关在分、合闸终点位置，瓷绝缘子下部的限位螺钉和挡板之间的间隙应调整至1～3mm	基座必须水平，各瓷柱与水平底座垂直		
	13.2	三相隔离开关调整与操作试验	1．将机构输出轴与垂直连杆连接，调整输出角度，使手动操作柄的定位（电动机构微动开关W1、W2的动作）与隔离开关分合一致。 2．进行主动相的单相手动操作，在隔离开关左、右接线座装配打开角度为90°时，调整好垂直连杆拐臂的分闸后定位；在合闸状态时调整好垂直联杆拐臂的定位，保证隔离开关分闸后角度为（90±1）°。 3．进行其余两相调整，保证隔离开关分闸后角度为（90±1）°。 4．连接隔离开关三相相间水平连杆，调整时可直接转动水平连杆（两端分别有左右螺纹），使三相合闸同期性不大于20mm，并将并帽螺母并紧。 5．电动操作机构装配好后，用电动机额定电压操作3～5次；并检查闭锁，相应断路器在合闸状态时，隔离开关不能操作	应先将隔离开关操作至半分、半合位置，再进行电动操作		
	13.3	接地开关调整与操作试验	1．将接地开关相间的水平连杆装好，拧紧连杆间的抱箍螺栓并调整操作连杆、扭力弹簧及固定环，将扭力弹簧调整到接地开关分闸时处于水平位置，然后紧固螺栓。 2．调整好接地开关静触头，并紧固螺栓。 3．手力分、合操作，调整保证接地开关触头插入深度为40～50mm，调整接地开关水平连杆，使操作手柄的指示标示与接地开关分合一致。	操作隔离开关时，接地开关必须在分闸位置；操作接地开关时，隔离开关必须在分闸位置		

表（续）

√	序号	检修内容	工 艺 标 准	安全措施及注意事项	检修结果	责任人签字
	13.3	接地开关调整与操作试验	4. 合闸时接地开关动静触头应对中，三相接地开关导电杆在分闸时在同一水平面上。 合闸三相同期允许值不大于 20mm。 5. 检查隔离开关与接地开关的机械联锁，保证隔离开关合闸时接地开关不能合闸，接地开关合闸时隔离开关不能合闸，机械联锁应有 1～3 mm 间隙。 6. 接地开关分、合闸操作：接地开关分、合操作正常，接地开关动作灵活，无卡涩，辅助开关切换位置准确可靠			
	13.4	安装调整后的检查	1. 检查所有传动、转动部分有无润滑良好；所有螺母有无拧紧，所有轴销螺栓有无紧固可靠；检查所有开口销有无打开。 2. 进一步检查隔离开关和接地开关间机械和电气联锁正确可靠。 3. 隔离开关合闸位置时，主触头用 0.05×10mm 的塞尺检查应塞不进去。 4. 两端接线座应无明显歪斜，目测隔离开关在合闸位置时应水平成一直线，隔离开关断口距离不小于 2400mm，接地开关断口距离不小于 1800mm	隔离开关和接地开关间机械闭锁应可靠，闭锁板应无变形		
	14	隔离开关调整结束后整体试验（测试方法及标准见附录 G）	1. 隔离开关主回路电阻测量。 2. 瓷绝缘子探伤			
	15	一次搭头恢复，拆除作业小平台	若搭头为铜铝过渡搭头，则采用加装铜铝过渡片，接触面应为铜—铜，铝—铝	1. 防止坠落。 2. 搭头过程中，防止导线晃动与相邻带电设备距离过近引起放电		
	16	工作终结前的自验收	无漏检项目，做到修必修好； 隔离开关及操作电源、切换开关及现场安全措施等恢复至工作许可时状态			

5 竣工

√	序号	内 容	责任人员签字
	1	清理工作现场，将工器具全部收拢并清点，废弃物按相关规定处理，材料及备品备件回收清点	
	2	按相关规定，关闭检修电源	
	3	做好检修记录，记录本次检修内容，反措或技改情况，有无遗留问题	
	4	会同验收人员验收对各项检修、试验项目进行验收	
	5	会同验收人员对现场安全措施及检修设备的状态进行检查，要求恢复至工作许可时状态	
	6	经全部验收合格，做好检修记录后，办理工作票结束手续	

6 验收记录

<table>
<tr><td rowspan="2">自验收记录</td><td>记录改进和更换的零部件</td><td></td></tr>
<tr><td>存在问题及处理意见</td><td></td></tr>
<tr><td rowspan="4">验收单位意见</td><td>检修班组自评价及签字</td><td></td></tr>
<tr><td>检修部门验收意见及签字</td><td></td></tr>
<tr><td>运行单位验收意见及签字</td><td></td></tr>
<tr><td>公司验收意见及签字</td><td></td></tr>
</table>

7 作业指导书执行情况评估

<table>
<tr><td rowspan="4">评估内容</td><td rowspan="2">符合性</td><td>优</td><td></td><td>可操作项</td><td></td></tr>
<tr><td>良</td><td></td><td>不可操作项</td><td></td></tr>
<tr><td rowspan="2">可操作性</td><td>优</td><td></td><td>建议修改项</td><td></td></tr>
<tr><td>良</td><td></td><td>遗漏项</td><td></td></tr>
<tr><td>存在问题</td><td colspan="5"></td></tr>
<tr><td>改进意见</td><td colspan="5"></td></tr>
</table>

2　安全质量控制卡

班组作业安全质量控制卡

作业名称：××局－变电开关类－检修班××变电站 220kV GW4 型隔离开关大修

工作负责人编写：________ 审核：________ 批准：________

作业性质：多专业 计划时间：___年__月__日__时__分至___年__月__日__时__分

1　作业前

1.1　作业前内业准备

序号	名　称	规　格	单位	数量	确认
1. 现场勘察		勾选：☐已勘察　☐无需勘察 签字确认：			
2. 工器具：（详见物品清单 6）					
2.1	标准工具箱	详见标准工具箱配置表	套	1	
2.2	常规检修工器具	详见常规检修工器具表	套	1	
3. 仪器					
3.1	仪器	详见仪器表	套	1	
4. 材料					
4.1	材料	详见材料备品备件表	套	1	
5. 防护用品					
5.1.	防护用品	详见安全防护用品表	套	1	
6. 车辆					
6.1	专用车辆	详见作业车辆表			
7. 绝缘梯					
7.1	绝缘梯	详见绝缘梯表			
8. 作业文件					
8.1	工作票编号				
8.2	作业文件（设备台账资料、设备说明书、接线图、报表）等				
9. 其他（录音笔、红马甲）					

1.2　出工准备

序号	名　称	确认
1	班组班前会	
2	出工三检查	

2 作业中

2.1 作业组班前会

2.1.1 本作业危险点分析及安全措施交底

序号	危险点分析	安全控制措施	确认
1	高空作业时，人员或工器具发生高空坠落	1．应正确使用安全带。 2．应使用合格的登高工具并专人扶持，绑扎牢固。 3．工器具应系好保险绳或做好其他防坠落的可靠措施	
2	一次引线拆、接过程中，击伤人员或附件	使用传递绳传递引线，拆除后应及时绑扎牢固	
3	进行机构内二次回路工作时，误碰带电二次接线，造成短路或失地，人员触电	使用带有绝缘包扎的工器具。拆线前做好标记，随拆即采取绝缘包扎措施。接回时，应由第二人进行复查	
4	检修电源设备损坏或接线不规范，会引起低压触电	检修电源接线时，必须确认电源线的极性及所需使用的电压，使用的工具金属裸露部位应用绝缘材料包好，有人监护，同时必须使用带电漏电保护的电源盘	
5	隔离开关拆卸、安装及吊装过程易损伤人员及设备	隔离开关绑扎应牢固，吊装过程与带电设备保持足够安全距离：220kV≥6.0m	

2.1.2 其他班组间配合或交叉作业危险点分析及安全措施交底

序号	相关班组	危险点分析	安全控制措施	确认
1	保护班	隔离开关调试与二次回路工作交叉进行容易发生人身伤害事故	要求调试时先通知保护人员，保护人员应中止工作并撤离试验区域，确保人身安全	

2.1.3 安全措施确认

我已知晓上述工作地点、工作内容、停电范围、作业分工、危险点及安全控制措施，精神状态良好。 确认签字：

2.2 关键工序安全质量控制

序号	关键工序	质量、风险提醒	确认
1	清洗工艺要求	用对零部件不会造成腐蚀损伤的清洗剂，如煤油、汽油和酒精等，对零部件进行清洗并擦拭干净其表面	
2	润滑油封工艺要求	润滑前，应清除原来老化变质的润滑油及其表面污秽，再用适量的优质二硫化钼锂基润滑脂对隔离开关转动及关节部位进行润滑油封，可带橡胶防护手套，禁止戴棉制手套	
3	接触面处理工艺要求	镀银金属接触面用清洗剂清洗干净，非镀银导电金属接触面用 0 号砂纸砂光后洗干净，擦干净后涂凡士林	
4	除锈、防锈工艺要求	除锈：用钢丝刷将设备构架、外壳氧化层去掉，用铁砂布细加工去锈，先里后外，先上后下，先重后轻，去锈应彻底； 防锈：先刷一遍底漆，后刷防锈漆，刷二遍，刷油漆按先里后外，先上后下，从远处到登设备处，每一遍刷油漆间隔时间以油干为准，每一遍刷油漆应均匀、不起泡、厚薄度一样，无遗漏处	

表（续）

序号	关键工序	质量、风险提醒	确认
5	接线座装配检修	1．锥形触头、弹簧、支撑件、导电管、夹板、软导电带、防雨盖检查维护。 2．导电杆上连接软铜导电带应无损伤，折损截面≤10%，支撑件与导电管的接触面，应光滑，无烧损，无开裂。 3．弹簧应无锈蚀，变形	
6	主隔离开关部件分解及导电回路装配检修	1．触头臂装配检修：检查触头臂应无弯曲，触头导电接触面烧伤面积≤10%，烧伤程度≤1mm，焊接面积完好平整，焊接牢固；触头导电接触面光滑、平整；导电管无变形，接触面光洁，无氧化层，圆柱销无断裂，无锈蚀，各导电接触面清洁并涂中性凡士林，各连接件紧固（不合格的应更换）。 2．触指臂装配检修：拆除防雨罩上两颗固定螺栓，取出防雨罩，防雨罩无开裂；拆除触指臂固定板上的四颗固定螺栓，用手压触指，取出导电杆，对导电杆接触面进行去氧化处理。导电管与触指架焊接应无开裂，带电接触面光滑，无过热，无氧化层；更换触指、弹簧、触指支架、轴销，更换后检查新触指平面应在同一水平线上，弹簧卡销在正确槽内，再用二硫化钼润滑脂均匀覆盖弹簧、卡销等易锈蚀部件，在触指接触面涂上适量凡士林；在触指上接入导电分流软铜线的一端，另一端接在防雨罩的固定螺栓处，同时装好防雨罩	
7	接地开关的装配检修	1．触头座、触片、导向板与支架、弹簧触指清洗、检查、润滑。 2．机械闭锁装置应牢固可靠。 3．检查前应挂好临时接地线	
8	绝缘子检查，清扫	绝缘子外观无损伤，裂纹，超声波探伤合格法兰浇装处无开裂，有防水措施，法兰无锈蚀；上下法兰螺丝完好，无锈蚀，孔内无杂物，绝缘子表面清洁	
9	轴承座装配检修	轴承座装配检修：轴承工作面光滑，无锈蚀，保持架及滚珠完好，轴承座及罩无锈蚀，损伤，轴承座转动板灵活	
10	传动系统的装配检修	传动系统装配检修：检查各水平连杆的轴销、防松螺母、开口销情况，轴销无锈蚀，开口销齐全并开口，如有损坏应更换，各连杆接头无变形，内螺纹无锈蚀，拉杆及两端螺纹无损伤，主拐臂及其他连接轴，机械闭锁板无变形，各转动部位动作灵活，无卡涩，各部分连接件螺栓和轴销连接可靠，螺栓紧固，对各转动部分轴销，连杆的传动部位及轴承涂二硫化钼锂基润滑剂	
11	所有紧固件的紧固	设备安装说明书有力矩要求的，应符合其要求，否则应符合力矩附表要求	
12	电动操动机构检查	1．检查机构箱内电子器件有明确标识，并与图纸相符。 2．电动机热继电器工作正常（带复位按钮）；空气断路器交直流分开且容量满足要求；接触器动作正常；微动开关声音清脆、动作到位。 3．检查辅助开关通、断位置正确可靠，转动灵活。 4．检查分合闸限位完好，限位开关动作正确可靠。 5．检查各转动部件完好，蜗轮和蜗杆及齿轮转动灵活，并涂适量的润滑油。 6．检查电动机起动时，转动及声响是否正常。 7．检查二次回路接线端子无锈蚀，标志清晰，接线正确，并紧固二次端子；二次回路绝缘良好，不低于2MΩ。 8．检查加热器工作正常及机构箱密封良好	

表（续）

序号	关键工序	质量、风险提醒	确认
13	机械闭锁、电气联锁情况检查	1．主隔离开关与接地开关机械闭锁可靠，电气回路联锁准确可靠。 2．隔离开关闭锁回路正常	
14	整体组装及调试	1．主隔离开关合闸位置左右导电管应在一条直线上；否则应调整总连杆、相间连杆，从近机构相开始调整合闸位置，两侧触指应同时接触良好，触指弹簧无老化、夹紧力足够，合闸限位螺钉止档间隙为2～3mm；主隔离开关合闸位置时，动、静触头对称相对高度差应符合产品要求；主触头用 0.05mm×10mm 的塞尺检查应塞不进去，触指离开定位板的间隙两边应基本相等；触头插入深度、三相合闸不同期符合产品要求。 2．主隔离开关分闸位置，测量各相断口开距符合产品要求，左、右导电管应互相平行，分闸限位螺钉止档间隙为 2～3mm。 3．主隔离开关分、合闸终点位置定位螺栓与挡板的间隙应为 1～3mm。 4．主隔离开关合闸位置时，传动机构转臂应过“死点”。 5．主隔离开关导电回路接触电阻及接地开关接触电阻应符合产品要求。 6．接地开关动静触头在合闸后应接触良好，动、静触头无偏斜，每片均应接触。 7．动触头插入深度、接地开关三相合闸不同期、接地开关分闸后绝缘间距符合产品要求。 8．主隔离开关分合操作：就地远方各进行 2 次操作，主隔离开关分合操作正常，主隔离开关、接地开关动作灵活，无卡涩，辅助开关切换位置准确可靠，与隔离开关的切换配合符合要求	

2.3 作业验收

2.3.1 检修人员验收

序号	验 收 内 容	确认
1	对检修工作全面自验收：逐项检查，无漏项，做到修必修好	
2	现场安全措施检查：临时保安接地线均已拆除，现场安全措施已恢复到工作许可时状态	
3	对设备状态恢复：隔离开关状态、操作电源、防误电源等均要求恢复到工作许可时状态	
4	检查现场无遗留工器具、材料，所有工作人员已经撤离现场	
5	工作负责人验收签字：	

2.3.2 运维人员验收

运维人员验收： 检修记录已登记，现场已验收合格。　　　　运维人员确认签字：

2.4 作业组班后会

序号	项 目	确认
1	作业组班后会	
2	存在问题及措施：	

3　作业后

3.1　作业后内业工作

序号	项　目	内　容	确认
1	GPMS流程运转	缺陷流程运转、报表编写上传、完成时限填写、完成设备作业后评估	
2	录音上传	工作票录音	
3	作业文件归档	安全质量控制卡、工作票、报表	

3.2　作业评价

评价情况：经检查，本控制卡__________，存在____________________问题，已向__________提出。

检查人：____________

____年____月____日

3　变电站电气第一种工作票

××电业局（供电公司）

××变电站电气第一种工作票

编号：××-BB-B1-×××-××××-××××

1．部门：×××

工作班组：×××班、×××班

工作负责人：×××

2．工作班人员：×××、×××、×××、×××、×××、×××　共×人

3．工作任务：

工 作 地 点	工 作 内 容
220kV ××变电站220kVⅡ段母线TV及26M4隔离开关间隔	220kV ××变电站220kVⅡ段母线TV及26M4隔离开关大修，母线TV及避雷器小修预试

4．计划工作时间：自××年×月×日×时×分至××年×月×日×时×分

5．安全措施：

电气接线图或必要时可附页绘图说明：

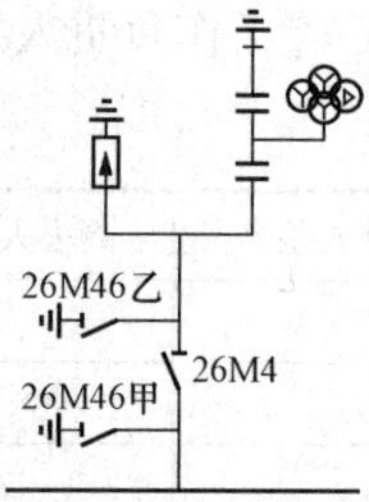

许可前由工作许可人会同工作负责人到现场逐项检查核对后在已执行栏打√。

序号	应断开的断路器、隔离开关，应取下的熔丝，应解除的继电保护连接片等（包括填写前已断开、取下、解除的）注明编号	已执行
1	断开：26A2、2612、26B2、2622、2602、2603、26M4、2632、2642、2652、2662	
2	断开：26A2、2612、26B2、2622、2602、2603、26M4、2632、2642、2652、2662隔离开关电动操作电源	
3	断开：220kVⅡ段母线TV二次侧空气断路器	
4	取下：220kVⅡ段母线TV二次侧熔丝	
序号	应装接地线、应合接地开关（注明接地线具体位置，并留出空位由许可人注明接地线编号）	已执行
1	合上：26M46甲接地开关	
2	合上：26M46乙接地开关	
序号	应设遮栏、应挂标示牌、防止二次回路误碰的措施	已执行
1	应在26A2、2612、26B2、2622、2602、2603、26M4、2632、2642、2652、2662隔离开关操作把手上悬挂“禁止合闸，有人工作！”标示牌	

表（续）

序号	应设遮栏、应挂标示牌、防止二次回路误碰的措施	已执行
2	应用围网将 220kVⅡ段母线 TV 及 26M4 隔离开关间隔与周围相邻带电间隔隔开，围网上应向内悬挂“止步，高压危险！”标示牌	
3	应在 220kVⅡ段母线 TV 及 26M4 隔离开关间隔上悬挂“在此工作！”标示牌	
4	应将围网的出入口围至临近道路旁边，并在围网的出入口上悬挂“从此进出！”标示牌	

工作地点保留带电部分（或注意事项） 签发人或工作负责人填写	补充工作地点保留带电部分和 安全措施许可人填写
220kV 旁母 260 断路器间隔带电	
220kVⅠ段母线 TV 及 BL 间隔带电	
220kV ××Ⅰ路 263 断路器间隔带电	

二次工作安全措施票（票号）：＿＿＿＿＿＿＿＿

工作票签发人签名：×××＿＿＿＿＿＿ 签发日期：××年×月×日×时×分

收到工作票时间：××年×月×日×时×分 值班人员签名：×××＿＿＿＿

6．确认本工作票 1～5 项

许可开始工作时间：＿＿年＿＿月＿＿日＿＿时＿＿分

工作许可人签名：＿＿＿＿＿＿ 工作负责人签名：＿＿＿＿＿＿＿＿

7．工作人员变动：

增添人员姓名	日	时	分	工作负责人签名	离去人员姓名	日	时	分	工作负责人签名

8．工作负责人变动：

原工作负责人＿＿＿＿＿＿＿＿离去、变更＿＿＿＿＿＿＿＿为工作负责人，变动时间：＿＿年＿＿月＿＿日＿＿时＿＿分 工作票签发人签名：＿＿＿＿＿＿

9．工作票延期：有效期延长到：＿＿＿＿年＿＿月＿＿日＿＿时＿＿分，工作负责人签名：＿＿＿＿＿＿ 值长或值班负责人签名：＿＿＿＿＿＿

10．每日开工和收工时间（使用一天的工作票不必填写）

收工时间				工作负责人	工作许可人	开工时间				工作许可人	工作负责人
月	日	时	分			月	日	时	分		

11．工作结束：设备及安全措施已恢复至开工前状态，现场已清理完毕，工作班人员已

全部撤离。全部工作于_______年___月___日___时___分结束。

工作负责人签名：__________　工作许可人签名：__________

12．工作票终结：临时遮栏、标示牌已拆除，常设遮栏已恢复。接地线编号__________________________________等共___组、接地开关（小车）共___副（台）未拆除或拉开，已汇报调度。

工作许可（当值）人签名：__________时间：____年____月____日____时____分

13．备注：

（1）检修工作中允许试分合的设备：

允许试分合的设备	解锁执行人	解锁时间	操作人	监护人	操作设备时间
		日　时　分			日　时　分
		日　时　分			日　时　分
		日　时　分			日　时　分
		日　时　分			日　时　分

（2）工作负责人指定专职监护人：

第一组_____负责监护____。

第二组_____负责监护____。

第三组_____负责监护____。

（3）其他补充安全措施：____

（4）其他事项：①吊车和斗车工作应有专人监护和指挥，并使吊臂和斗臂与220kV运行设备带电部位保持6.0m及以上的安全距离；

②26M4隔离开关大修需将26M46甲、26M46乙接地开关拆除，根据两票补充规定应在26M4隔离开关靠母线和TV侧各装设一组______和______接地线（由运行人员在工作许可前一次性做好）。

14．交任务、交安全措施确认：我对工作负责人布置的工作任务及安全措施已明白无误，所有安全措施已能确保我的工作安全。

工作班人员签名：____

15．评价情况：经检查本票为________票，存在____问题，已向________指出。

检查人：__________________

_____年____月____日

4 现场勘察单

×××电业局（供电公司）电气工作现场勘察单

编号：×××××

<table>
<tr><td>工作名称</td><td>220kV ××变电站 220kVⅡ段母线TV26M4隔离开关大修</td><td>勘察单位</td><td>×××××</td></tr>
<tr><td>工作范围</td><td colspan="3">220kV ××变电站220kVⅡ段母线TV26M4隔离开关及其单元端子箱</td></tr>
<tr><td>工作主要内容</td><td colspan="3">220kV ××变电站220kVⅡ段母线TV26M4隔离开关大修</td></tr>
<tr><td>现场勘察情况图示（工作范围及保留带电部分图示或地下缆沟管线等布置图）</td><td colspan="3">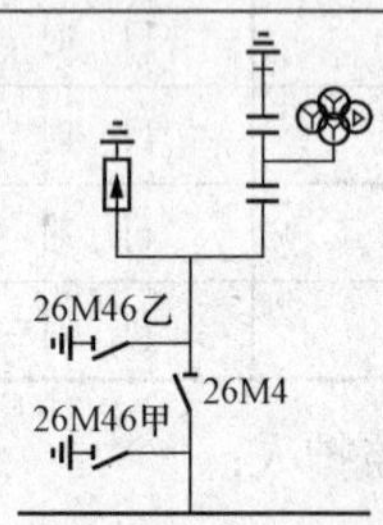
</td></tr>
<tr><td rowspan="7">现场勘察情况说明</td><td colspan="3">1．邻近、交叉或跨越带电设备距离：</td></tr>
<tr><td colspan="3">作业时220kVⅠ段及旁路母线带电</td></tr>
<tr><td colspan="3">2．工作地段周围环境：</td></tr>
<tr><td colspan="3">路边</td></tr>
<tr><td colspan="3">3．地下管网布置情况：</td></tr>
<tr><td colspan="3">无</td></tr>
<tr><td colspan="3">4．其他：无</td></tr>
<tr><td>现场工作安全要求</td><td colspan="3">1．220kV ××变电站220kVⅡ段母线TV26M4转检修；220kVⅡ段母线转检修。
2．需高处作业，应准备好登高安全工器具。
3．需使用升高作业车，作业时应有专人监护</td></tr>
<tr><td colspan="4">审核：××× 勘察人：×××、××× 监理人：×××
勘察日期：××年×月×日</td></tr>
</table>

附 录 A
螺栓及螺母紧固力矩表

附表 A-1 螺栓及螺母紧固力矩对照表 单位：N·m

紧固件规格	强度等级			
	4.8	5.6	8.8	10.9
M3	0.6±0.1	0.7±0.1	1.4±0.1	—
M3.5	1±0.1	1±0.1	2±0.2	—
M4	1.4±0.1	1.5±0.1	3±0.3	—
M5	3±0.2	3±0.3	6±0.5	—
M6	5.1±0.4	6±0.5	8±1	12±2
M8	—	12±2	20±2	30±3
M10	—	25±3	40±4	60±6
M12	—	40±4	70±7	100±10
M16	—	100±10	170±20	250±25
M20	—	±	340±30	500±50
M24	—	±	600±60	800±80
>M24		根据图纸要求		

注 未提供力矩强度的规格不推荐使用。

附 录 B
单 极 装 配 图

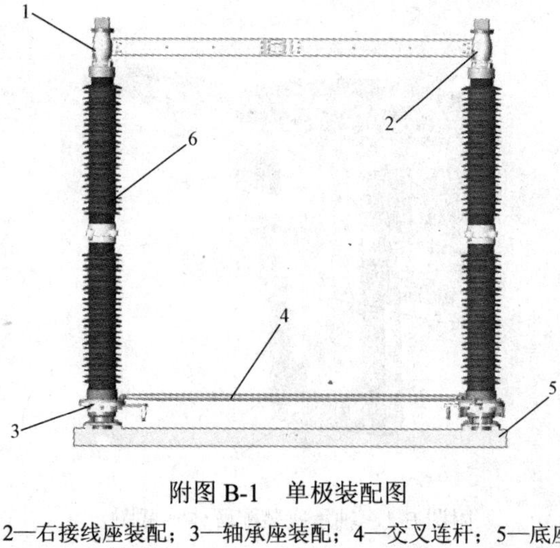

附图 B-1 单极装配图

1—左接线座装配；2—右接线座装配；3—轴承座装配；4—交叉连杆；5—底座装配；6—瓷绝缘子

附 录 C
右接线座装配

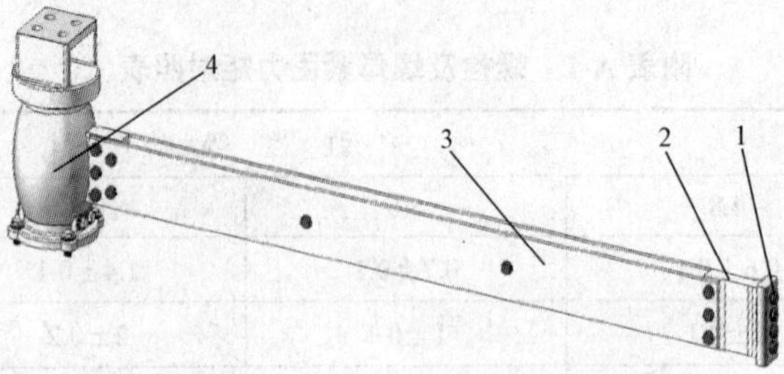

附图 C-1　右接线座装配示意图

1—触头；2—触头块；3—导电板；4—接线座装配

附 录 D
左接线座装配

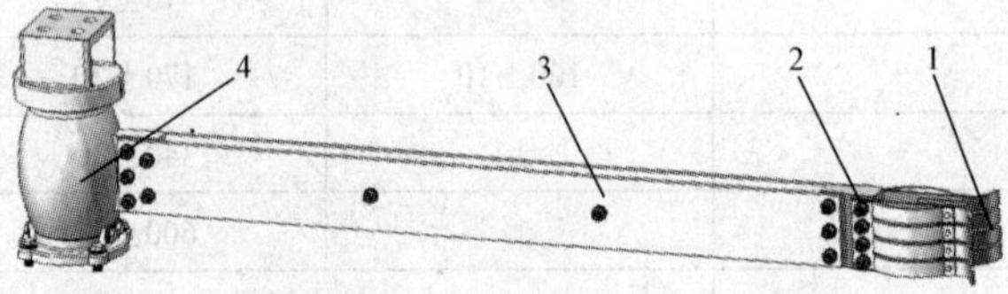

附图 D-1　左接线座装配示意图

1—触指；2—触指块；3—导电板；4—接线座装配

附 录 E
轴承座装配解体

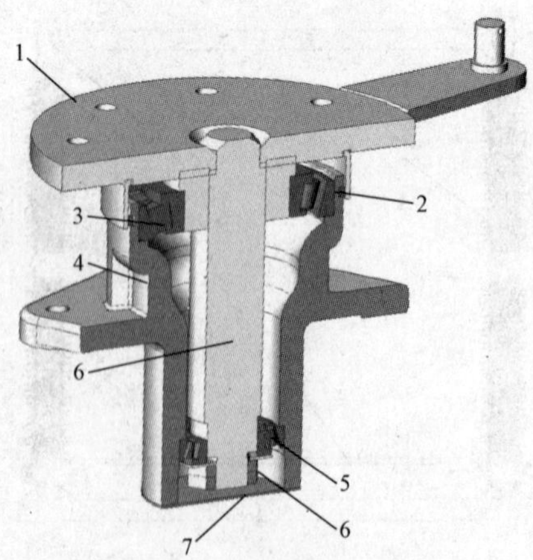

附图 E-1　轴承座装配解体示意图

1—转轴焊接；2—ϕ200×5.7 O 形密封圈；3—30220 圆锥滚子轴承；4—轴承座；

5—30211 圆锥滚子轴承；6—备紧螺母；7—挡板

附 录 F
三级联动总装图

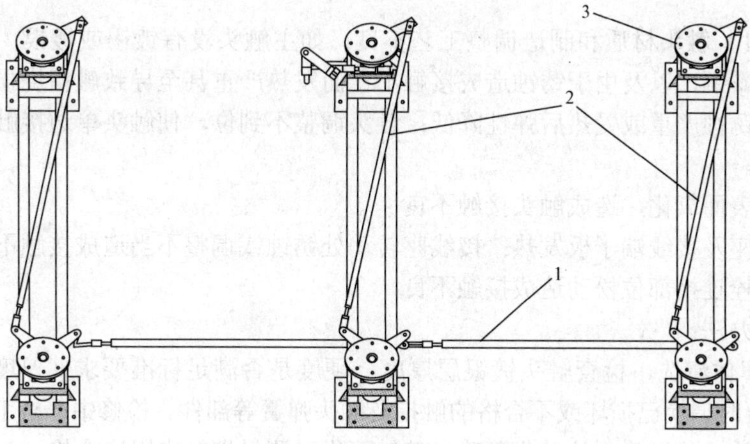

附图 F-1 三级联动总装图

1—极间水平连杆；2—交叉连杆；3—轴承座轮

附 录 G
修后试验及标准

附表 G-1 修后试验及标准

√	序号	试验项目	试验方法	安全措施及注意事项	试 验 标 准
	1	隔离开关导电回路直流电阻测试	1．测试接线点应洁净、无氧化。 2．接线时电压线在被测物内侧，电流线在被测物外侧	1．接线时应做好防止高空坠落措施和注意保持与带电设备距离。 2．测量完毕应将被测绕组对地充分放电。 3．测试过程中严禁电流回路开路。 4．试验过程应有专人监护并呼唱，当出现异常情况时，应立即停止试验，断开电源，被试品进行接地放电后再对其进行检查，查明原因后，方可继续试验	1．测试电流应≥100A。 2．直流电阻值应符合厂家相关要求
	2	瓷绝缘子超声波探伤试验	1．根据绝缘子形状及大小，选用合适尺寸的爬坡探头。 2．用爬坡探头（或小角度纵波探头）放置在铸铁法兰与末裙之间的探测面，绕支柱绝缘子或瓷套扫查一周	1．检验前应了解并记录支柱绝缘子的名称、规格、材质和结构型式等。 2．受检支柱绝缘子应有唯一性编号。 3．耦合剂应具有良好的透声性能和浸润能力，且不损伤工件表面，可选择甘油、机油或化学浆糊等作为耦合剂	1．缺陷波≤深度 2.0mm 模拟裂纹反射波高，即缺陷波低于 2.0mm 模拟裂纹反射波 0～4dB 时，此时应测定其指示长度，指示长度>10mm 时应判定为裂纹，<10mm 时应判定为点状缺陷。 2．缺陷波>深度 2.0mm 模拟裂纹反射波高时，指示长度>10mm 应判定为裂纹

思考与练习答案

1．答：（1）触头材质和制造调整工艺不良：如主触头没有镀锡或镀银，触头虽镀银但镀层太薄磨损露铜，以及由于锈蚀造成接触不良而发热严重甚至导致触指烧损；再如触头弹簧材质不好、锈蚀严重或受热后弹性降低；触头调整不到位，使触头单边接触或触头插入深度不满足要求。

（2）触头表面氧化，造成触头接触不良。

（3）接线座及接线端子板发热：接线座转动处锈蚀或调整不当造成接触不良；导电带、接线板以及螺栓连接部位松动造成接触不良。

（4）处理办法：

1）触头解体清洗，检查触头镀银层厚度、硬度是否满足标准要求（厚度 20μm，硬度120HV），必要时调换已损坏或不合格的触指及触头弹簧等部件。检修中严格工艺要求，采取必要的润滑措施，使触头系统动作正确、接触可靠。测量接触电阻应合格。

2）接线座及接线端子板表面烧蚀部分和氧化层应进行打磨处理，均匀涂抹导电脂。

3）运行中采用红外监测手段，注意隔离开关所承担的电流和环境温度的影响，采取横向比较的方法。如有过负荷情况引起导电系统过热，则应进行增容改造。

2．答：隔离开关分、合闸时不到位，可能是分、合闸定位螺钉调整不当；辅助开关及限位开关行程调整不当；连杆弯曲变形使其长度改变，造成传动不到位；连接螺母松动；机构输出角与主水平连杆、机械限位与电气限位调整不当；传动部件卡涩、锈蚀等。

处理办法：检查定位螺钉和辅助开关等元件，发现异常进行调整，对有变形的连杆，应查明原因予以消除；重新调整机构输出角，机械限位与电气限位的配合，对传动部件进行除锈润滑。

3．答：（1）机构及传动系统问题造成拒分拒合。

1）机构箱进水，各部轴销、连杆、拐臂、底架甚至底座轴承锈蚀造成拒分拒合；

2）连杆、传动连接部位、隔离开关触头架等强度不足断裂造成拒动；

3）轴承锈蚀卡涩；

4）涡轮、蜗杆卡涩。

处理办法：对机构及锈蚀部件进行解体检修，更换不合格元件。加强防锈措施，例如采用二硫化钼润滑，加装防雨罩。机构问题严重或有先天性缺陷的应更换为新型机构。

（2）电气原因造成拒分拒合。

电动机构分合闸时，电动机不起动，隔离开关拒动。电气方面可能原因有：

1）三相电源空气断路器没有合上；

2）控制电源断线；

3）电源保险丝熔断；

4）热继电器或电动机保护器动作切断电源；

5）二次元件老化损坏使电气回路异常而拒动；

6）电动机故障。

处理办法：电气二次回路串联的控制保护元器件较多，包括空气断路器、熔断器、转换开关（远方、就地、停止）、交流接触器、限位开关及联锁开关、热继电器以及辅助开关等。任一元件故障，就会导致隔离开关拒动。当按动分合闸按钮而电动机不起动时，要首先检查操作电源有无完好，熔断器有无熔断，然后检查各相关元件。发现元件损坏时予以更换，并查明原因。